令人着迷的中国旅行记

十三王朝活化石
SHISAN WANGCHAO HUO HUASHI
西安 下

乔 冰/著　智慧鸟/绘

吉林出版集团股份有限公司
全国百佳图书出版单位

图书在版编目（CIP）数据

十三王朝活化石：西安.下 / 乔冰著；智慧鸟绘
. -- 长春：吉林出版集团股份有限公司，2022.9（2024.3重印）
（令人着迷的中国旅行记）
ISBN 978-7-5731-2057-1

Ⅰ.①十… Ⅱ.①乔… ②智… Ⅲ.①西安—地方史
—少儿读物 Ⅳ.①K294.11-49

中国版本图书馆CIP数据核字(2022)第167506号

令人着迷的中国旅行记

SHISAN WANGCHAO HUO HUASHI XI'AN XIA

十三王朝活化石——西安（下）

著　　者：乔　冰
绘　　者：智慧鸟
出版策划：崔文辉
项目策划：范　迪
责任编辑：李金默
责任校对：徐巧智
出　　版：吉林出版集团股份有限公司（www.jlpg.cn）
　　　　　（长春市福祉大路5788号，邮政编码：130118）
发　　行：吉林出版集团译文图书经营有限公司
　　　　　（http://shop34896900.taobao.com）
电　　话：总编办 0431-81629909　　营销部 0431-81629880 / 81629881
印　　刷：唐山玺鸣印务有限公司
开　　本：720mm×1000mm　1/16
印　　张：8
字　　数：100千字
版　　次：2022年9月第1版
印　　次：2024年3月第2次印刷
书　　号：ISBN 978-7-5731-2057-1
定　　价：29.80元
印装错误请与承印厂联系　　电话：13691178300

中国传统文化丰富多彩，民俗民风异彩纷呈，它不仅是历史上各种思想文化、观念形态相互碰撞、融会贯通并经过岁月的洗礼遗留下来的文化瑰宝，而且是中华民族几千年文明的结晶。而作为世界非物质文化遗产重要组成部分的中国非物质文化遗产，在历史、文学、艺术、科学等领域具有非同寻常的价值，正越来越受到世界各国政府、学术界及相关民间组织的高度重视。

本系列丛书为弘扬中国辉煌灿烂的传统文化，传承华夏民族的优良传统，从国学经典、书法绘画、民间工艺、民间乐舞、中国戏曲、建筑雕刻、礼节礼仪、民间习俗等多方面入手，全貌展示其神韵与魅力。丛书在参考了大量权威性著作的基础上，择其精要，取其所长，以少儿易于接受的内容独特活泼、情节曲折跌宕、漫画幽默诙谐的编剧形式，主人公通过非同寻常的中国寻宝之旅的故事，轻松带领孩子们打开中国传统文化的大门，领略中华文化丰富而深刻的精神内涵。

人物介绍

茜茜

11岁的中国女孩儿，聪明可爱，勤奋好学，家长眼中的乖乖女，在班里担任班长和学习委员。

布卡

11岁的中国男孩儿，茜茜的同学，性格叛逆，渴望独立自主，总是有无数新奇的想法。

瑞瑞

11岁的中国男孩儿，布卡的同学兼好友，酷爱美食，具备一定的反抗精神，对朋友比较讲义气。

欧蕊

11岁的欧洲女孩儿，乐观坚强，聪明热情，遇事冷静沉着，善于观察，酷爱旅游和音乐，弹得一手好钢琴。

塞西

9岁的欧洲男孩儿，活泼的淘气包，脑子里总是有层出不穷的点子，酷爱网络和游戏，做梦都想变成神探。

机器猫费尔曼

聪慧机智，知识渊博，威严自负，话痨，超级爱臭美；喜欢多管闲事，常常做出让人哭笑不得的闹剧。

华纳博士

43岁的欧洲天才科学家，热爱美食，幽默诙谐，精通电脑，性格古怪。

目 录

目 录

繁华无比的都城

在翻开的古书上，一堵高大而饱经沧桑的城墙呼之欲出。

快看看第五个谜语是什么？

这堵城墙看起来有点儿眼熟……

好雄伟！

你们怎么不关注谜面，却讨论起城墙来了？

这个谜语也太容易啦，谁不知道十三王朝的古都是西安？！

拜托，是十三王朝的活化石！

什么东西才能算是活化石呢？

先别管那么多啦，我们先赶到西安再说！机器猫……

众人眼前的景色突然模糊起来，他们先后被卷入了光柱中。

从光柱中落地的众人，眼前出现了一座繁华无比的都城。

这是哪里啊？

长安城

我的耳边不时传来商贩们颇具穿透力的吆喝声……

偶尔还有骏马的嘶鸣。

瑞瑞刚才设定的时空穿越目的地是唐玄宗……

机器猫话音未落，呆呆愣在原地的瑞瑞突然手舞足蹈起来。

长安，我来啦！大唐盛世，我来啦！

咦？那些人匆匆忙忙地要去哪里？

我们跟过去看看！

比武场

彩旗飘飘的比武场上，人声鼎沸。挤不到前面的布卡急得上蹿下跳。

你不知道，这是各地武士汇聚长安，参加一年一度的比武大赛呀？

红拳代表也来参加比武了！

让一让！这里怎么这么热闹？

两位青年人诧异地回头。

主持人宣布比赛开始，原本嘈杂的人群瞬间鸦雀无声。

时辰已到，比武开始！

秦中自古帝王州

位于陕西关中平原中心地区的西安古属雍州，地势得天独厚，在冷兵器时代是难得的高屋建瓴之地。除此之外，西安地处"黄壤"的黄土地之上。在锄耕农业时代，黄壤是被列为最高等级的、最好的土地。

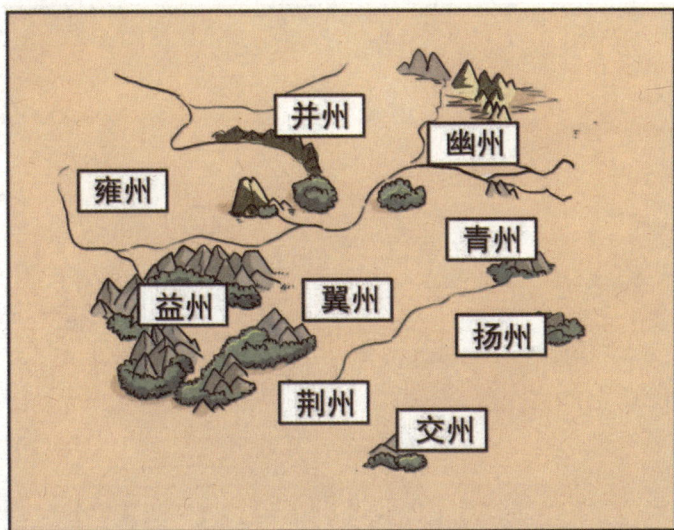

于是西安便成为古人建都的最佳处所，是中国古代作为都城时间最长的城市，而唐朝也留下了"秦中自古帝王州"的诗句。

世界四大古都之一

西安在古代被称为长安，寓意"长治久安"。人们常说"二十年中国看深圳，一百年中国看上海，一千年中国看北京，而五千年中国则要看长安"。

西安是中国历史上建都朝代最多、建都时间最长、影响力最大的都城，是迄今为止唯一被联合国教科文组织确定为世界历史名城的中国城市，与雅典、罗马、开罗并称为"世界四大古都"。它还是隋唐大运河的起点。

十三朝古都

西安拥有着7000多年的文明史，被誉为天然历史博物馆，其中西安城墙是世界上现存规模最大、最完整的古代军事城堡设施，西安钟楼则是中国古代遗留下来的钟楼中形制最大、保存最完整的一座。

先后在西安建都的有：西周、秦、西汉、新、东汉（献帝初）、西晋（愍帝）、前赵、前秦、后秦、西魏、北周、隋、唐等13个王朝，历时长达1140年之久。

西汉时期著名的丝绸之路就是以长安为起点。自汉武帝时张骞出使西域，开通商道，长安城便成为连接欧亚的桥梁，繁盛一时。

红拳

红拳起源于周秦，扬名于唐宋，是中国汉族武学的重要一脉。它套路繁多，技法全面、流传甚广，有豫红、陇红、川红、滇红、晋红、鲁红等，其中尤以关中红拳为最。

武则天在长安二年（702），曾诏天下诸州宣教武艺，并确定在兵部主持下，每年为天下武士举行一次考试，考试合格者授予武职。这就是中国科举制度中"武举"或"武科"的正式出台。各地的武士会集长安，又一次使红拳技艺得到广泛交流和提高。

第二章

Chapter 2

比武大会

所有人的目光都聚焦到比武场上，只见两位武者缓缓走上台，拱手施礼。

我竟然可以亲眼看到大侠们过招儿的场面？不会是在做梦吧？

喂，你干吗呢？！

比武开始啦！

霍曼出招儿狠毒，穿青衣的年轻人很快负伤倒地。

不是说好重在切磋，点到为止吗？

他怎么出手这么阴毒？

比武台上接连有人倒地，霍曼一脸狰狞。

糟糕！有位少年上台了！

不能任由这个浑蛋放肆，我们得想办法阻止他！

请阁下赐教。

想挑战我？不自量力！

霍曼傲慢地抬起头，嘴角露出轻蔑的微笑。

台下的观众议论纷纷，嘟囔着眼前这个金发碧眼的彪形大汉赢定了。

怎么办？难道我们眼睁睁地看着那位少年吃亏？

台下忽然响起了一片惊呼声，只见少年突然一闪身，扑空的霍曼刹不住车，狼狈地摔到地上。

怎么可能？！

不好，他的眼睛里充满了杀气！

这个坏蛋肯定在想什么坏招儿。

话音刚落，霍曼就拔出了匕首。场下观众全体心跳加速，布卡和瑞瑞倒吸了一口冷气。

小心匕首！

千年红拳

　　陕西是中华武术的重要发源地之一，西安自古就有"文武盛地"的美称。红拳就诞生在这片黄土地上，是本土武术文化的精髓。千年红拳流传至今成为中国传统武术保存最完整的拳种，其包含了周、秦、汉、唐的文化元素。

　　红拳最早起源可追溯到周、秦。据《史记》记载，在秦王嬴政每次打完胜仗的庆功会上，武士都会击皮为鼓，红拳中炮锤套路中的放炮，就与此有关。

唐手

红拳在唐代得到了发扬光大，唐代著名诗人李白，名将郭子仪、薛仁贵都对红拳推崇备至，并勤于练习。

薛仁贵

明代戚继光收录了红拳较多内容，他在《太祖红拳三十二势》中详细介绍了红拳，拳谱中大量采用陕西方言记载红拳的技法特点，至今许多技法还在红拳中沿用。

享誉武林

红拳功法名目繁多，最基本的为软硬十大盘功、内练十八法、小红拳、炮锤及徒手等各种功法，以内容丰富、套路繁多、技法全面、德艺并存、钻身贴靠、腿法凌厉享誉武林。

修炼者注重自然力的恢复和求取，结合"以气为本"的哲学思想，在放松、凝神的前提下，刚柔紧松、沉稳轻灵、滚缠伏纵。

红拳名字由来的传说

据传唐人陈抟应举失意，心灰意冷便入华山隐居修道，碰到了入山砍柴的老樵夫，老樵夫七十多岁却身体强健，步姿敏捷。陈抟将老樵夫请到隐居之处，以师礼相拜。

老樵夫从此开始每天清晨在华山东峰上向陈抟传授拳法，几个月后学有所成的陈抟问所学拳法的名字，老樵夫说原本无名，既是人间红尘中的拳法，那就叫红拳吧。

学成后的陈抟不但将红拳作为日常养生健身之用，还将其进行了一些套路上改良，并广泛地传授给了世人。

终南山脚下神秘的村落

终南山

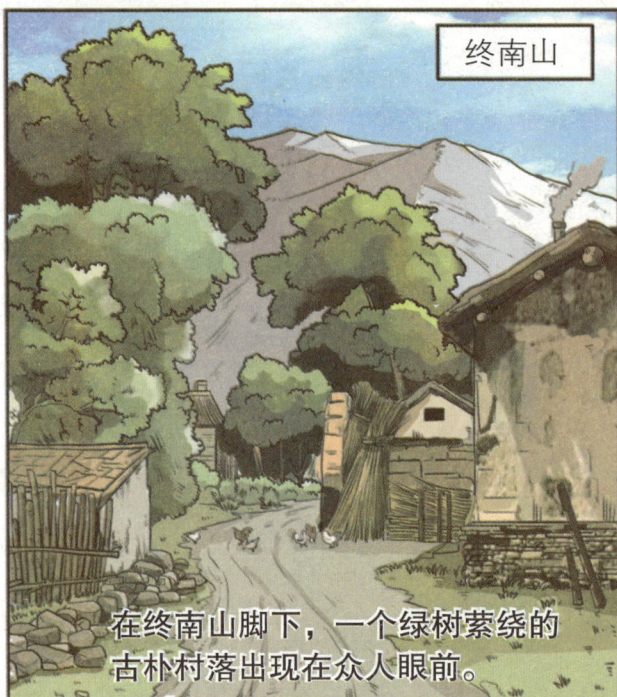

在终南山脚下，一个绿树萦绕的古朴村落出现在众人眼前。

这里就是我家所在的北张村了。对啦，我叫张树。

茜茜的目光落在村口的一座庙宇上，几个小娃娃正在那里玩耍，口中唱着歌谣。

仓颉字，雷公碗，沣出纸，水漂帘……

我怎么听不懂？这唱的是什么呀？

这是长安广为流传的民谣，说的是我们村……一项传统手艺。

此时一群衣着朴素的村民经过他们身边，每个人肩上都背着一捆树枝，行色匆匆。

你们村的人怎么看起来神神秘秘的？

众人若有所思地看着张树远去的身影。

哪有啊……你们在这里稍等，我先去通报一声。

神探的直觉告诉我，这个北张村有些古怪！

这个庙里供奉的神仙很与众不同！

瑞瑞不知道什么时候偷跑进了庙宇里，此时从里面伸出脑袋。

发明造纸术的蔡伦？！难道他们村与造纸有关？

如果我没猜错，这应该是蔡伦。

我们赶紧跟上张树看看。

众人悄悄地爬上了树，俯视着张家
小院。院里整齐地摆放着几个盛满
纸浆的石槽。

偷窥不太
好吧？

他的动作好连贯，前后不过一分钟！

不就是手脚麻利嘛，我也会！

机器猫从远处跑了过来，敏捷地爬上了树。

这叫抄纸，没有两年功夫学不来的。

我刚才在村里巡视了一遍，发现几乎家家户户都在造纸。

我记起来了，这北张村用楮树皮制作的纸天下无双！

贵客造访，怎么不进家里坐坐？

此时树下响起一个爽朗的男子声音，毫无防备的众人心中惊慌，纷纷从树上跌落下来。

我们喜欢登高望远，视野好……

你们怎么爬上树了？父亲，这是我请来的客人。

在张家坐好的众人，难为情地躲避着张树父亲和哥哥的打量。

我们村不允许外人随意进入，所以我先跑回来打招呼。

喝茶！

幸亏是棵矮脖树……你们村很久以前就造纸了？

北张村人多地少，祖祖辈辈都靠造纸为生。

张树的哥哥

终南山和沣河盛产的隔年生楮树枝条，是最好的造纸原料。

皇帝的奏折和朝廷科举考试的试卷，都是用我们造的纸。

永不发霉的纸张

位于终南山脚下沣河边的北张村，有一项传统手工技艺——楮皮纸制作技艺，楮皮纸以楮树皮为原料，手工抄制而成。楮皮纸特别适合书画创作，纸张永不发霉，至少能收藏2000年以上。

北张村的造纸历史已有千年，著名的西汉霸桥纸就出土于此。

村里几乎每家都供奉着造纸祖师爷蔡伦的神像，村外还有一座蔡伦庙，接受纸匠和村民的祭拜。每逢农历大年三十，村里会举行盛大的蔡伦庙会。

72道工序

　　将冬季和春季采集的隔年生楮树枝条，剥皮扎捆晒干备用。制作纸时，楮树皮要经过浸泡、蒸皮、碾轧、浸泡、漂洗、踏碓、切翻、捣浆等加工流程，捣浆结束后造纸原料的准备阶段才初步完成。

　　除了蒸皮、踏碓等，制作楮皮纸还要经过制浆、抄纸、除水、晒纸、揭纸等诸多工序，细分下来有72道。

被抱怨的踏碓声

踏碓是手工造纸的一项重要工序，利用杠杆原理反复砸压楮树皮使之纤维化。因为踏碓时声响很大，邻村人常用"北张村的枸（狗）踏碓，把人整得不得睡"这句顺口溜来表达不满。

造纸阶段比较考验手艺的当数抄纸工艺。将粉碎后的纸浆放入纸槽中，手持飞杆搅动，使纤维均匀分布在水中，随后巧妙地使纸浆中的纤维覆盖在纸帘上，形成湿纸，再将湿纸一张张叠放于纸床上。

祖先的智慧

　　祖先的智慧总是令人震撼，古人们惊异地发现，将破竹帘和树枝上的纤维聚集起来，加水搅拌，再经过太阳晒干后，竟然可以制成纸。

　　之后蔡伦用树皮、麻头及敝布、渔网等原料，经过挫、捣、抄、烘等工艺加工成的纸张，就成了现代纸的前身。

　　北张人至今仍然保留着蔡伦发明的以植物纤维为原料的造纸古法。

第四章

Chapter 4

塞西的提议

夜深人静，整个北张村都进入了梦乡。瑞瑞几个人住的房间窗外，传来一阵猫头鹰的叫声。

我们去看看猫头鹰吧！

猫头鹰有什么好看的……等等我！

窗外的黑暗中传来两声闷响，睡意蒙眬的布卡翻了个身。

你们两个三更半夜瞎折腾什么呀？！

慢慢苏醒的瑞瑞和塞西，发现自己被五花大绑，眼前是一张鼻青脸肿的面孔。

遇到坏人首先要冷静。

有能力将其制服时，要勇敢地同其搏斗。

我们被绑架了？你是谁？

你们连我都认不出来了？

乖乖待着，等着华纳拿古书来赎人。

霍曼？！变化可真大！

鼻青脸肿的霍曼一愣，随即放声大笑起来。

39

救命啊……怎么一个人也没有？

不能让霍曼得逞，我们得想办法出去！

霍曼反锁大门，扬长而去。被捆绑的瑞瑞和塞西艰难地蹦到窗口。

二人用屁股撞击木门。

好痛啊！我的屁股快开花了！

窗外传来一阵声响，一位中年男子探进头来。

咦？你们怎么会被关在这间废弃的木屋里？

在救他们的肖师傅家里，肖师傅坐在矮凳上，专心地处理着刚扛回来的几块木头。

幸亏我去北山寻找合适的梨木……你们怎么会被关在那里？

不提这事了……您拿这些木头做什么？

用来雕刻木版，然后就可以做年画了。

这种年画色彩鲜艳，生动别致，好特别。

瑞瑞和塞西好奇地打量着墙壁上的年画。

你竟然知道凤翔木版年画?!

以前好像见过……我想起来了,这是凤翔木版年画!

它被西方收藏家誉为"东方智慧的结晶",我以前看到过。

一种色彩就需要一块刻版,而年画一般是多种色彩叠加。

肖师傅,您雕刻完一块木版就可以开始印年画了吗?

原来要一缕缕地剔下这些木屑啊。

照这个速度，一套年画的木版岂不是要雕刻几个月？

这位的造型太酷了，我要做他的粉丝！

塞西的目光落在墙壁上贴着的一幅门神的年画上，顿时两眼放光。

你的品味很……特别。

这是你们国家的门神吗？样子好怪！

肖师傅，我用自己最心爱的平板电脑与你交换好吗？

对美好生活的憧憬

年画是汉族传统文化的一种体现。古代劳动人民创作了丰富多彩的年画，用以辞旧迎新。如今，人们仍然保持着春节贴年画的习惯来增添节日气氛，表达对美好生活的憧憬。

凤翔木版年画源于西北，始于唐宋，盛于明清，具有浓厚的西北味儿。例如门神画里的秦琼、敬德，头部往往占了身体的三分之一，造型夸张，但也显得更威猛。

乡土气息

　　凤翔木版年画的主要题材为各种神怪、民间故事等。凤翔木版年画以线刻为主，线条刚劲有力，简明质朴，生动大方；色彩以鲜明的红、绿、黄、紫为主，再衬以黑色线条，对比强烈。印刷时先印染天地，再开红光、涂胭脂、加重彩，后套黑线主版。画面既和谐朴实，又生动别致。

梨木为材

　　凤翔木版年画刻板，一般选凤翔北山的梨木。它的纹理极为细腻，印出的画感觉很舒服。切割好的梨木一般都要放三年，让它自然风干，干得太快的板子容易裂。等梨木性质稳定下来，就可以开始雕刻了。

　　因是多层套色印刷，每个刻板只刻印一种颜色的部分。搭配的刻板相对位置要精确，印刷时位置要安放准确，否则一些颜色会被印歪、印错。

工艺繁杂的凤翔木版年画

　　凤翔木版年画制作工艺复杂，要经过设计起稿、定稿、备版、贴版、錾版、浸版、刻版、修版、洗版、号色、印刷、上色等工艺流程。

　　刻版是和线条打交道，追求流畅、匀称、变化和美感，手上功夫必须到家。刻版时需一只手握住刀柄，另一只手抵住刀尖，防止刀跑偏，线条的深度、流畅度必须把握好。最难刻的是圆线条，中间不能抬刀，要一气呵成。

第五章
Chapter 5
失约的绑匪

 扫码获取
☑ 角色头像
☑ 阅读延伸
☑ 趣味视频

在长安城一个僻静的角落里，茜茜几个人伸长脖子，坐立不安地等待着。

这个霍曼真是阴魂不散！

还自诩神探呢，瑞瑞和塞西被劫持你都不知道！

绑匪竟然可以从容地留下在哪里交换人质的纸条！

我真以为他两看猫头鹰去了。

不会出事吧？

霍曼奔走在长安城外的小路上。

真倒霉，脸到现在还是肿的！

霍曼正在嘀咕，突然看到前面一位壮汉正准备钻入一个地窖。

我得去挑选几坛佳酿，好在今天的寿宴上款待客人。

佳酿？一定很值钱？我偷偷跟着他！

哈哈，待会儿一定让宾客们满意而归！

从地窖爬出来的壮汉，捧着几个坛子疾步如飞，丝毫也没留意身后有人偷偷跟踪。

霍曼打量四周，发现自己身处一个三山环抱的小村落里，一股浓郁的香气扑面而来，几位文人装扮的男子正在品酒聊天。

诗仙，您又来我们村买酒了！

53

哈哈，没有你们的酒，我怎么能文如泉涌？

诗仙今日为你们的酒泉赋诗一首！

我们村酿出的酒浓香醇厚，酒泉之水的确功不可没。

地若不爱酒，地应无酒泉。

天若不爱酒，酒星不在天。

诗仙对我们杜康酿酒情有独钟！

壮汉热情地邀请几位文人去自己的酒坊做客，霍曼悄悄尾随。

今日能有幸得见这千古佳酿的技法，美事一桩。

酒坊

精神珍品

中国酿酒业历史悠久，源远流长，体现了中国一种特殊的历史文化。一方面，酒以文而生辉，文因酒而增色，体现了很高的文化价值；另一方面，酒更多地体现了人的精神需要，历史上留下来无数和酒有关的佳篇名作。

传统手工技艺的一枝奇葩

　　杜康酿酒工艺是汉族传统手工技艺的一枝奇葩，距今已有4000年历史。杜康酿酒工艺是将粮食固态发酵，再通过蒸馏，然后冷凝，"掐头去尾"将其中的一部分成分分离出来，从而成为清冽透明、柔润芳香、纯正甘美、回味悠长的杜康酒。

何以解忧，唯有杜康

民间传说，4000年前的夏人杜康发明了用秫米酿制白酒的方法，这种酿酒方法被一代又一代的人继承下来，杜康被尊称为"酒祖"。

两汉以后，私营酿酒作坊开始在各地纷纷出现，不仅酒的质量大为提高，而且酒开始与文化艺术结合，使酿酒、饮酒呈现出典型的东方民族特色。

东汉末年，曹操以"何以解忧，唯有杜康"来表达自己的远大抱负。

五大工序

　　作为一种古老的汉族传统手工技艺，杜康酒的酿造主要分为五道工序：制曲、粉碎、酿造、勾储、成装。有段关于此技艺的朗朗上口的顺口溜儿：肥泥老窖，固态续糟发酵，清蒸清吊，自温养曲，低温入窖，缓慢发酵（60天），双轮底增香，量质摘酒，分级储存，陈酿勾调。

制曲

粉碎

酿造

勾储

成装

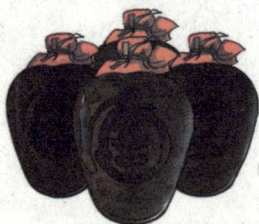

注意啦！
小朋友不可以饮酒！

第六章

Chapter 6

365天不灭的烛火

夕阳西下，霍曼却还是踪迹全无。

这个霍曼真行，做了绑匪还这么没时间概念！

会不会是出了什么意外？

欧蕊用力咬住嘴唇，眼眶开始泛红。

别胡思乱想，有时候没有消息就是最好的消息。

这么等下去也不是办法，我们四处找找看吧。

长安城这么大，怎么找啊？

咻咻咻~

咻咻咻~

咻咻咻~

天完全黑了下来，布卡一行人跌跌撞撞地在黑暗中赶路。

而我们四周却漆黑一片，只有天上的月牙儿发出微弱的光。

长安城的夜晚该是灯火通明才是！

我们好像走错方向了。

机器猫，你怎么带路的？

你们快看前面！

63

众人诧异地抬头，只见前方一片雪亮，
一座灯火辉煌的亭子赫然出现眼前。

我终于体会到在黑暗中突然看到光明的感觉了！

这么明亮？难道唐朝已经发明了电灯？

怎么可能？小山一样的蜡烛？！

那不是电灯，而是蜡烛。

一老一少两位村民，热情地走上前来。

你们也是来参加大蜡庙会的？

大蜡庙会？

今天是农历四月初八，我们豆村一年一度的大蜡庙会。

贵客一定从很远的地方赶来，晚上才抵达我们豆村。

现代？老叟孤陋寡闻，从未听过。

是很远……我们从现代穿越来的。

众人一起跑到大蜡面前，左三圈右三圈地围着看，不时发出惊叹声。

啪嗒啪嗒~

通体透亮！精雕细刻！

这个蜡烛有三层高！

能把蜡做成如此精美的模样，真是巧夺天工。

它可以连续燃烧365天不灭。

博士，就是一年呗！

多……多少天？！

灌制大蜡很有讲究，一年12个月，一个月是5千克……

我当然知道是一年……这么大的蜡得多重啊？

67

有闰月的年份，就需要把大蜡灌成65千克。

所以大蜡重60千克？要是碰到闰月呢？

这样就可以燃烧13个月了。

果然是高手在民间！你们豆村人太了不起了！

我的脑细胞不够用了。

这得归功于去西天取经的唐玄奘。

这是一段颇具传奇色彩的故事。

豆村大蜡

 豆村大蜡是陕西省豆村传统民间手工技艺，历史悠久。豆村大蜡由蜡座和蜡体组成，集雕、剪、贴、染于一体，造型精巧别致，色彩艳丽明快，形象传神逼真。

 灌制豆村大蜡的工艺经过历代大蜡艺人的努力流传下来，一米多高的大蜡遇高温不熔不化，装饰用的飞禽走兽、花鸟鱼虫也是蜡做的，放置时间再长也不变形、不褪色。

圣僧带回的技艺

唐玄奘西天取经带回的不止有佛经，还有各国的生动见闻，其中就包括制作大蜡的技艺。

玄奘出使天竺国，路过摩揭陀国王舍城时，见当地人绕外罩亭子的大蜡载歌载舞。玄奘觉得新鲜，遂将大蜡工艺制品带回了大唐。

经过多年跋山涉水，玄奘终于回到了长安。他途经豆村时见此地紫气缭绕，于是进村将带回的大蜡工艺制品留下，并传授灌制大蜡的技术。

游蜡

豆村号称"天下第一村"，因南北狭长，形似豆子，加上当时村民以做豆（一种器皿）为生，故名豆村。

每年农历四月初八，这里会举行大蜡庙会。匠人们提前将十分精美的大蜡制作好，由村民们抬着大蜡逐巷游走，称为游蜡。周围乡村和外地游客闻讯赶来，如过年般热闹。

大蜡最后被置放于关帝庙内点燃，直到下一年。

繁复而神奇的工艺

豆村大蜡制作需要经过熬制、制模、焊接等上百道工序。

艺人们先把蜡放锅里熔化，去掉杂质；等蜡冷却到20℃左右时，再用铁勺把蜡灌进在空中悬挂不停转动的铁芯上，蜡中间有木头或竹子制成的蜡杆，还有可供点燃的棉质蜡芯；等灌制完成后，再把铁芯上的蜡倒立过来，同时把几个大小不同的蜡按顺序摞起来，这样大蜡主体就成型了。

然后用五彩线缠绕蜡体四周，在大蜡主体上做蜡芽，做出花鸟虫鱼、飞禽走兽的形象。

不识石婆真面目

夜深了，在豆村留宿的众人彻夜难眠。

霍曼为什么会失约？塞西和瑞瑞到底在哪里？

第五个谜语还毫无头绪，两名队友却被绑架了。

明天一早，我们该从何找起呢？

华纳博士，你们家族怎么会出霍曼这么个败类？

明天有庙会。参拜斗门石婆的人一定很多。

也许能在那里找到线索。

74

石婆像

这里的人真多啊！

我去看看！

有的在求子嗣。

他们在做什么呢？

还有祈求家庭美满的。

这位石婆什么都要管，可真够忙的。

对着一尊石刻许愿，到底管不管用啊？

石婆其实是一位美丽的少女。

说起来，这里还有一个动人的爱情故事呢。

你是说……石婆是少女？！

当然！她的名字叫织女，织女原本是天上的一颗星星呢。

哈哈，传说织女心灵手巧，所以姑娘们都向她祈求得到一双巧手。

博士，织女有什么故事啊？

……自己查，没看到我很忙吗？

对岸还有一尊石像。

那个石像是石公，就是牛郎。

顾叔叔，您给我们讲讲牛郎织女的故事吧！

传说……牛郎和织女的婚姻遭到王母娘娘的反对……

呜呜……这真是一个凄美动人的故事啊！

听完顾叔叔讲述，华纳迫不及待跑到石像面前，一脸虔诚地许起愿来。

据说唐明皇和杨贵妃都要在七夕晚上对月盟誓。

我听说过跟牛郎织女有关的七夕节。

唐明皇？不就是这个朝代的皇帝唐玄宗吗？

你的历史知识怎么突然变渊博了？

如果这里建座庙，许愿就更方便了。

几十年后的798年，这里修建了石婆庙。

不如我们今晚在这儿留宿？

石婆庙

石婆庙位于陕西省西安市长安区斗门南沣村，庙中的牛郎、织女石刻是我国现存最早的大型石雕，石像刀法粗犷，朴实浑厚，反映了两千多年前工匠们高超的艺术造诣，当地人称其为"石爷""石婆"。这两个石像就是象征着中国传统忠贞爱情的牛郎和织女。

早在798年，这里就建有"石爷庙""石婆庙"，千百年来香火不断。

汉武帝意料之外的故事

　　牛郎、织女本是银河系的两颗星辰，公元前120年，汉武帝在长安区斗门镇附近开凿了一条用于训练水军的人工河——昆明池，汉武帝把它比作天上的银河，并在池畔东西两侧分别立牛郎、织女石像，隔河相望。

　　千百年来，牛郎、织女的爱情故事已经家喻户晓，昆明池畔的牛郎、织女石刻像也被当地人尊称为"石爷神""石婆神"。

四大民间传说之一

"牛郎织女"与"梁山伯与祝英台""孟姜女""白蛇传",堪称中国四大民间传说故事,不仅在中国妇孺皆知,在其他国家也广泛传播,源远流长。

牛郎织女的传说之所以具有如此巨大的生命力,是因为故事寄托了中国人的爱情理想,颂扬了中华民族为爱情坚贞、婚姻自由而奋斗牺牲的精神,震撼人心。

乞巧节

　　乞巧节，也被称为"七夕节"或"女儿节"，是中国传统节日中最浪漫的一个。相传每年的这个夜晚，织女与牛郎在鹊桥相会。凡间的妇女便在这晚向织女乞求智慧和巧艺，当然也少不了向她求赐美满姻缘。传说在这晚，抬头就可以看到牛郎、织女在银河相会，在瓜架下可以听到两人的脉脉情话。长安斗门石婆庙也会在这一天举行庙会。

第八章
Chapter 8

百蝶图

扫码获取
☑ 角色头像
☑ 阅读延伸
☑ 趣味视频

众人离开石婆继续搜寻。

你们为什么反对在石婆前露宿?

我们得继续寻找同伴的下落。

希望石婆保佑塞西和瑞瑞平安无事。

还有尽快让我们找到第五个谜语的谜底。

前面有亮光!

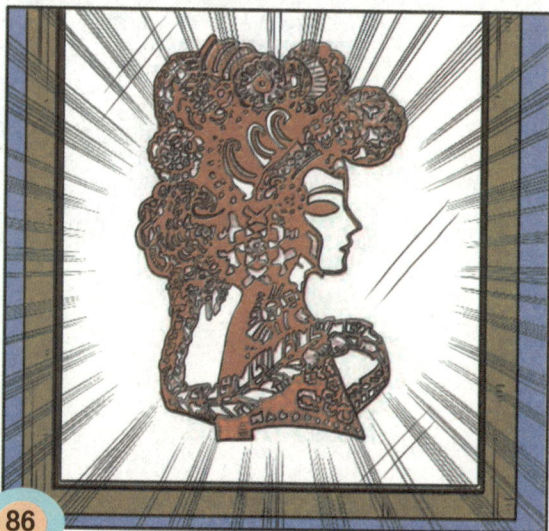

天都黑了,不如先在这家借宿一晚?

可是瑞瑞和塞西……

天黑了，我们深一脚浅一脚地摸黑前进也不是办法。

霍曼想用瑞瑞和塞西做人质换取古书，所以他们暂时安全。

对，我们得恢复体力，明天天亮后继续搜寻。

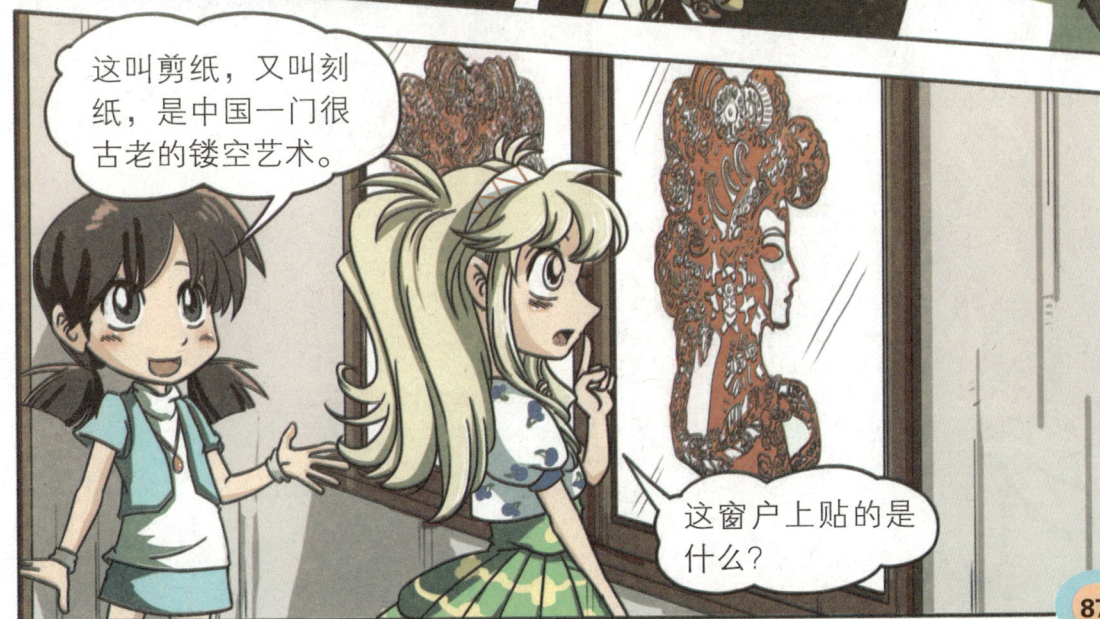

这叫剪纸，又叫刻纸，是中国一门很古老的镂空艺术。

这窗户上贴的是什么？

春秋战国时期，古人就把金银箔、树皮、布等，裁剪成各种图案。

不过真正意义上的剪纸，是从汉代纸的发明开始的。

姐姐你的手太巧了！能教教我吗？

没问题！你们坐，我去煮些茶来。

机器猫和布卡走到竹簸前，拿起单独放在一侧的剪纸。

这一幅好像被格外珍视。

剪纸大赛？

别动！它可是我明天参加剪纸大赛的作品。

对！谁的剪纸最好看，谁就会被评为备受尊重的"巧手"。

第二天一大早，整个村子都沸腾起来，参赛的剪纸被排成一排，接受大家的点评。

春花，你不愧是我们村的蝴蝶剪纸圣手！

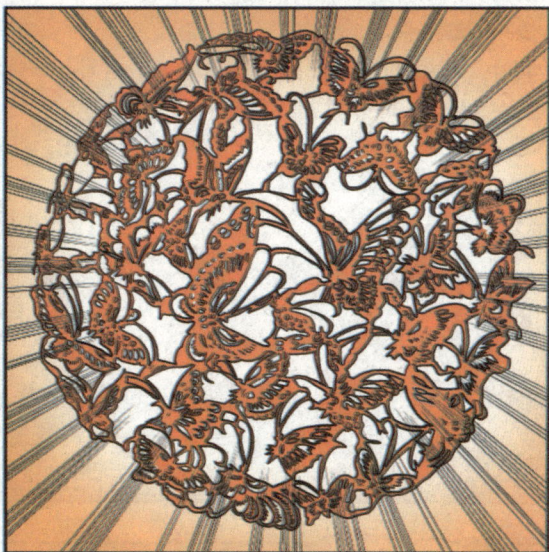

剪纸的设计美妙绝伦，竟然有8层不同的花纹。

蝴蝶的每一只触须都清晰分明。

近百只蝴蝶造型各不相同，却都栩栩如生。

民间美术的常春藤

剪纸是中国民间美术形式之一，有着悠久的历史。它犹如一株常春藤，古老而长青。

中国人在逢年过节或者举办婚礼、寿宴等重要日子，会把剪纸贴在窗上、门上、灯笼上，节日的气氛被渲染得更加浓郁喜庆。

中国最早的剪纸作品是1967年在新疆吐鲁番的高昌遗址墓群中出土的，是由两张麻料纸制作而成的团花剪纸。

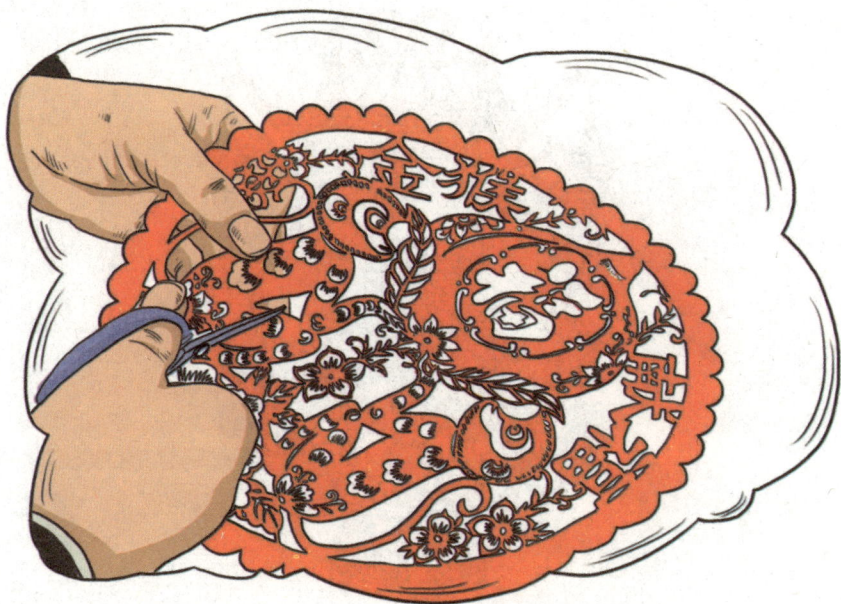

镂空的视觉享受

　　剪纸就是用剪刀将纸剪成各种各样的图案，如蝶、鱼、花卉……它是把镂空表达到登峰造极的一种视觉享受。剪纸在民间广泛用作窗花、门笺、团花，还用作鞋花、枕花、梳妆镜上的喜花、陶瓷器具上的边饰等。人们把朴素的愿望——比如健康、平安、幸福等用剪纸表达出来。

阴刻和阳刻

剪纸主要有阴刻、阳刻、阴阳结合三种手法。

阴刻

阴刻也称镌刻，就是刻去轮廓线。阴刻黑白对比感强烈，被剪刻去的空白部分组成图案，线与线不相连接。

阳刻

阳刻也称镂刻，正好与阴刻相反，刻去空白部分保留轮廓线，线线相连。这种方法流畅、清晰、玲珑细致。

阴阳结合是最好的剪纸表现手法，构图变化多样，对比鲜明。

无处不在的剪纸

　　剪纸时先折叠，再阴、阳刻，最后刺孔。将纸折叠剪刻产生重复图案，是剪纸最基本的一种技法，产生的效果取决于折叠的次数和角度。

剪纸一般用于：

窗花：贴在窗户上装饰用。

喜花：婚嫁喜庆时装点用。

礼花：摆附在糕饼、喜蛋等礼品上。

鞋花：用作布鞋鞋面刺绣底样。

门笺：又称门彩、斋牒，挂在门楣上。

斗香花：套色剪纸，多用于祭祀等民俗活动。

第九章

Chapter 9

奇异的香味

 扫码获取

☑ 角色头像
☑ 阅读延伸
☑ 趣味视频

一股浓郁的奇香扑来，村民们用力吸起鼻子。

这股味道让我感到饥肠辘辘！

给我一双筷子，我可以吃掉整个地球！

众人循着香味望去，只见村中央的大树下架起了一口大锅，一位厨师正在聚精会神地烹饪。

为了庆祝比赛，我特意聘请了做羊肉泡馍的高手。

河水暴涨，厨师怎么进村的？

村长是个急脾气，昨天下午就把厨师请进村了。

不就是一张烧饼加一碗羊汤吗？至于把你们馋成这样？

请人吃泡馍显示出主人的最大诚意。

羊肉泡馍可是陕西百姓心目中一等一的美食。

羊肉泡馍

听说这羊肉泡馍是西域传到长安的。

对，它是行走在丝绸之路上的商客们口中最美味的食物。

爸爸说同盛祥的烙饼、吊汤、煮馍都工艺独特。

其中吊汤工艺复杂，用时最久，从下锅到肉熟大概要14个小时。

这么久？

学着我的样子，把这个馍掰成小块儿。

那么麻烦干吗？掰成大块儿不就得了？！

照你这个掰法，岂不是要十几分钟？

把馍掐成黄豆粒大小，不仅能充分吸收羊汤的滋味，而且容易被烫熟。

羊肉泡馍所用的馍都是七分熟。

我力气大，帮你们掰成粉末儿不是更好？

要保持一定形状，否则被热汤一烫变成碎末儿了。

我的手指都酸麻了！

掰馍有无穷的乐趣，而且能看出一个人的性格。

比如你脾气急躁。

"吃货"还分懂行和外行？

一看这掰馍的手法，就知道这位贵客懂行而专业。

哎哟！

华纳博士刚想大快朵颐，一个家伙却眼疾手快地抢了先。

你怎么插队？咦，瑞瑞、塞西？！

瑞瑞和塞西，正对着羊肉泡馍狼吞虎咽。

你们平安归来，实在太好了！

你们怎么会出现在这里？

昨天跟着做泡馍的厨师一路就到这里来了。

顾叔叔，你怎么看见我们一点儿也不激动？

这剪纸栩栩如生，不正是我们苦苦寻觅的活化石吗？

中原与西域文化融合的美食

　　丝绸之路的开辟加强了汉唐文化与西域文化的融合，羊肉泡馍是那些行走在丝绸之路上的客商口中最美味的食物，通过丝绸之路的延伸将它扎根在西安，成就了经久不衰的羊肉泡馍。

　　羊肉泡馍有着悠久的历史。《诗经》中记载，西周祭祀时"献羔祭韭"，年终宴会时"朋酒斯飨，曰杀羔羊"。明崇祯年间，西安出现了第一家专营羊肉泡馍的"天锡楼"。

食客与厨师相互配合

　　在万千种饮食当中，羊肉泡馍是少数需要食客和厨师相互配合完成的菜品。

　　食客将馍按照一分为二、二分为四的方法，均匀掰成黄豆粒大小，厨师用羊肉汤煮馍，出锅后用切好片的羊肉盖顶。食用时，先将香菜、辣酱抹一层在泡馍上，香菜杀腥提味，辣酱刺激食欲，然后选定方位，始终从一处地方沿着碗边吃，以保持羊肉泡馍的香味不散。

百年老店

1920年，张文祥兄弟三人在竹笆市南头开设泡馍馆，定名"同盛祥"。其经营的独具民族特色的羊肉泡馍配料考究，做工精细，素以"料重味醇、肉烂汤浓、馍筋光滑、香气四溢、清香爽口"而盛誉天下。

同盛祥的羊肉泡馍讲究的是一个"鲜"字，在外观上注重"肉如两条鱼，粉丝如蜘蛛网"。

同盛祥羊肉泡馍制作技艺

　　羊骨吊汤之前反复漂洗，直到生血全无。将漂洗干净的羊骨下锅，放入佐料袋，大火猛煮，使汤先入味。再将羊肉分割成小块入锅，换包有花椒、小茴香等多种调料的料包，加盖压实，用武火烧开后续煮，再用文火炖至肉烂汤浓。

　　泡馍时需把馍掰成黄豆大小，与羊肉等一同放入肉汤中煮成，再撒上香菜，吃时佐以糖蒜和辣椒酱。

第十章

一反常态的小家伙儿们

扫码获取
角色头像
阅读延伸
趣味视频

顾叔叔急切地在古书上输入"剪纸"，一段地图呈现出来。

完美！人质平安回来，你又解开了第五个谜题！

博士，别急着高兴，只出现了一半地图而已！

众人一起伸长脖子，仔细查看地图。

难道除了剪纸，还有另外一种活化石？

一半地图……看来又是一个谜中之谜。

哈哈哈！

瑞瑞怎么了？

我就知道那个霍曼不会善罢甘休，他肯定对人质动了手脚。

瞧他这表现，像是受到了某种强烈的刺激。

瑞瑞，霍曼到底对你做了什么？

哈哈哈！

霍曼也许让他吃了"哈哈药"了吧！

哈哈哈！

众人一起跑向瑞瑞，却看到布卡也捧着肚子前仰后合地笑起来。

又一位发病者！症状和瑞瑞一模一样！

难道是传染性的病毒？！

哈哈哈！

他看起来很痛苦……

可怜的瑞瑞！可怜的布卡！

瑞瑞想说什么，却根本停不下来大笑，拼命用手指着前方。

笨！我们是被逗……乐成这样的好不好？！

哈哈哈！

众人诧异地看向前方，只见两位装扮滑稽的艺人正在表演，村民们都忍俊不禁。

哈哈哈！

这是什么表演啊？

迷胡。

啊？"迷糊"表演？

还是"米糊"表演？

是迷胡……我们陕西人习惯将"戏"称为"胡"。

"迷胡"就是迷人的戏，又叫眉户曲子。

这曲调的确悦耳动听，很是迷人。

关键是他们唱得太好……玩儿了！哈哈哈……

你把咱大杨树卖钱为啥？

你把咱大黑狗卖钱为啥？

我嫌它刮风时哗里哗啦。

我嫌它吃了睡，睡了吃，不看家。

我嫌它吃老鼠不吃尾巴。

你把咱大花猫卖钱为啥？

哈哈哈！

嫌大花猫吃老鼠不吃尾巴……哈哈哈！

115

他可真行，把树啊狗啊猫啊都卖光了！

这个张连喜好赌博，将家业输尽了。

关键是人家还振振有词呢！

妻子织了数丈布，让张连拿到街上去卖。

这个没出息的张连又将卖布的钱输了个精光！

精彩吧？我们这里男女老少都喜欢看！

后来张连悔悟，痛改前非。

太有趣了！

116

眉户曲子

眉户曲子也称"迷胡""小曲""曲子戏",最早发源于眉县、户县一带,因此得名"眉户"。眉户曲子的形式很随意:它乐器简单,人员可多可少,而且不需要搭建舞台,主人家开支较小,只管一顿便饭即可,所以深受人们的欢迎。红白喜事可用,丰收场上可用,农闲季节可用,纳凉广场、农家的热炕上都可随意表演。

自由的创作

　　眉户曲子包括山歌、情歌、牧歌、儿歌、樵歌等俚曲小调，唱腔婉转，给人以轻松愉快的乐感。内容可以随便对接，艺人可以自由按曲编词，只要能编出来，能上口唱，就能表达自己的思想感情，唱起来也更有地方味道。唱词内容则易记易诵，令人一听就会。情节多为英雄、传奇、神话故事等趣闻，所以在民间备受欢迎。

丰富的民间音乐

　　眉户曲子的天然亲和力、融合力，使得一些散失的民间小调被及时吸附和整理到一起，极大地丰富了民间音乐。从牧歌《小放牛》到采集歌《采花调》，从活泼的《凤阳调》到有力的《一串铃》，无一不是最生动、最活跃的民间音乐元素。对这些零星的民间音乐进一步地挖掘、收集、整理，无疑是对中国音乐宝库的极大丰富。

看漫画 领专属角色头像

微信扫码

跟着书本去旅行
在阅读中了解华夏文明

01

角色头像

把你喜欢的
角色头像带回家

02

阅读延伸

了解更多
有趣的知识

03

趣味视频

从趣味动画中
漫游中国

还有【阅读打卡】等你体验